Tegner, Tegner, Tegner
Digt

Det her' ik' en tur hvor man pludselig begynder at se sig tilbage
Det her er en tur hvor man pludselig begynder at se
Peter Sommer

Kim Sindberg

Tegner, Tegner, Tegner
Digt

Dette digt er inspireret af
Kaj Eckardt Hansen
Og tilegnet
Min elskede hustru

Books on Demand, København, Danmark
ISBN 9788743015338

Han tegner verden
Og tegningen vokser
Sekund for sekund
En gigantisk
Datacentral
Terabytes af levet liv

Han tegner en himmel
Der er helt overlegen
Blå

Han tegner tørvejr
på bunden af havet
Det regner
Med himmel

Han tegner ensomheden
Oceanisk

Han tegner en coronavirus
Og tegningen eksploderer
I flere tegninger
Der eksploderer i
Flere tegninger
Digtet burde stoppe
Her

Han tegner en dyb enhjørning
Finder alt
Han nogensinde har tabt
Og laver med et snuptag
Tegningen om til en sommerfugl
Der elsker med en sky

Han tegner et øjeblik
For enden af et anker
Den arktiske nat
Der strømmer ind
Gennem en sprække
I eftermiddagen

Han tegner aktiekurser
Og bandeord
I langsom gengivelse
Sirligt pakket ind i grafer

Han forsøger at tegne samfundet
Men har allerede tabt
For meget

Han tegner savn og genforening
Smerte og forløsning
Krøller tegningen sammen
Smider den

Han tegner en nødudgang
Men der er råd til mere

Han tegner flere kyster
End han aldrig har set

Han tegner sig mod til
Men han er ingen Ian Curtis

Han tegner hjem kære hjem
Og møder sine gæster
I indkørslen
Sætter sig op på sin Ducati
Drøner ud i natten
Tegningen er vind i ansigtet
Adrenalin der banker
Over kommunegrænser

Han tegner en hånd
Der sætter en plade
På grammofonen
Det er en rolig hånd
Og pickuppen lander
Sikkert i rillen
"Instincts that can still betray us"

Han tegner et beruset klaver
Hektisk gennem Amazonas
Et spøgelse der skriger
Sine lunger ud
Woodoo og bjørnefælder

Han tegner solsystemet
Regnen og vandet
Der renser tegningen
For døde myg

Han tegner 2000 slaver
Der bærer vand ned
Fra bjerget
I store spande
Tegningen skifter gear:
Arsenik i kaffen
Kogende olie i ørerne
Cement i halsen
Død mand kan holde
På en hemmelighed

Han tegner gæs
Der tager på arbejde
Gæs der tager hjem
Fra arbejde
Og en hård skræppen
Imellem

Han tegner en drøm i en drøm
Hvor en løve fanger en kat
En drøm hvor en Bjørn
Fanger en kat
En ikke-drøm
Hvor en bil
Fanger en kat

Han tegner en smadret bil
På en vej i Tyskland

Han tegner både
Der fragter lys
Gennem natten
Fra kyst til kyst
Zigzag lyslinjer tegnet
På havets overflade

Han tegner krig uden soldater
Møder uden deltagere
Ord uden mening

Han tegner bebrejdelser
Fra Gud
Pistolkugler en-route
Mod de skyldige uskyldige

Han tegner en bøn
Og lader den lige stå et øjeblik
Bare en 20 minutters tid
Bare lige
Til vi har forstået den
Bare lige
Til den er tom for indhold
Og blæk

Han tegner latteren
Og tæller ned fra uendeligt
Det minder ham
Om en sang fra Tel Aviv
Nej, mere om Jaman
Fra Kroatien

Han tegner en tom tegning
I dyb respekt

Han tegner kvart over
Og har i den grad
Fortjent en GinTonic

Han står rank
Og tegner ytringsfriheden
Prut dum prut dum prut dum
Så kan de lære det

Han tegner sin far
Og rammes af et kort stik
Af fortvivlelse
Han tager sin bedste
Forklaring på
Og tegner videre
Altid videre

Han tegner os
Dig og mig
Sigøjnere gennem natten
På vej et andet sted hen
Sammen altid sammen

Han tegner revner
Og sprækker og knæk
Kløfter, åbninger og kavalergange
Åbninger, split, pauser
Og hjørner
Rifter, slidser
Og fejl
Og så ...
Tænder han
Den store
Projektør

Han tegner vinden
Og blæser videre
Til den næste tegning

Han tegner Louis Litt
En gigantisk muddertegning
Der strækker sig
Fra lov til orden

Han tegner den bedste
Statsminister
Vi aldrig fik

Han tegner den koleriske Diva
Der vil livet

Han tegner disse umærkelige
Ændringer
Der hele tiden flytter os
Uden vi bemærker det

Han tegner Sørine Gottfredsen princippet
Og ser rundt i huset
Der er tapetseret
Med tegninger
Han holder
En ganske lille pause
Og fortryder
Hver anden tegning
"Det var dog imponerende"
Mumler den anden
Halvdel

Han tegner et ur
Bygget af dele fra
En DeLorean
Han stiller tiden tilbage
Til 1987
For at høre Everything
That Rises Must Converge
For første gang

Han tegner et sted
I Mellemøsten
Men lige meget
Hvad han gør
Ligner det hans egen
Baghave

Han tegner det øjeblik
Hvor hjulene rammer
Landingsbanen
Og solstrålen
Er perfekt vinklet
Mod linsen
Og Instagram opslaget
Er sikret
.
Så blev det alligevel
En vellykket tur

Han tegner liv på Mars
Og sender en tanke
Til manden i stjernerne

Han tegner alt
Han nogensinde har læst
Og hans tegning begynder
At brænde
I afsættet

Han tegner en tegner
Der tegner en tegner
Rundt om en tegning
Af en tegner

Han tegner spåkonen
lægger sig på
Det lodrette gulv
Og forsvinder i
Bladene fra træerne

Han tegner sidste chance
For at gøre det hele
Igen
Og igen

Han tegner den støvede grusvej
Der er hans liv
Lige nu
Tappet for tempo
Støv i øjnene

Han tegner sit ståsted
Med en krøllet
Bevægelse
Mumler usammenhængende
Om Grundtvig

Han tegner
Og det er ikke et forsvar
Der er ikke noget at forsvare
Basta!
[...]

Han tegner hjørnet
Mellem Københavnsvej
Og Nørre Boulevard
Naturens dybeste
Fysiske processer

Han tegner statistik
Hvor argumenterne
Slipper op
Og ansigterne fader ud
Og knapperne flygter
Fra skjorten

Han tegner og tæller
Til én
Det er nok!
Der står ingenting
På nodestolen
Han spiller
Fra det blanke
Ingenting
Fylder rummet
Med ingenting

Han tegner en Olof Palme
Der skygger
Behageligt
For solen

Han tegner naboen
Der er en kiosk
Han elsker at være
Fremmed et nyt sted
Og følge rytmen
Han ikke ved
Hvor kommer fra

Han tegner blæsten
Hvor er man
Når man hele tiden
Drejer rundt?

Han tegner den bakkede
Sommersol
Træder firkantet
I pedalerne
Uangribelig

Han tegner en cigaretglød
Der drøner gennem
Europas nat
I et damplokomotiv
En brændende linje
Grænseløs

Han tegner Biblen
Dømt for plagiat

Han tegner et Jack White
Riff

Han tegner dagen
Før den er begyndt
Eller er den?

Han tegner parallelle universer
I et af dem
Er jeg klogere
End dig

Han tegner vandpytter i luften
Vi lever af blade fra træerne
Oven på en fuglekirkegård
Og vindmøller
Der spinner
Så hurtigt som Kina

Han tegner en spejlblank rude
Der er en hvalros
På den ene side
En ildspyende drage
På den anden
Hoo-ah!

Han tegner en grusom krage
Med isvand i årerne
Der majestætisk
Flyver ind
Fra Japan

Han tegner afstanden
Mellem det dybeste hav
Og det ydre rum
I et åndedrag

Han tegner sindets
Katakomber og
Drypstenshuler
Åbner for akustikken
Og går ud med et fløjt

Han tegner sort magi
Og en zombie
Der passerer grænsen
Uden pas

Han tegner verden
Og det er ikke forkert
At være dum
En byrde fjernet
Fra verdens skuldre

Han tegner sko
Kastet efter præsidenten
Popcorn på en snor

Han tegner haven
Og håber på et glimt
Af Rimbaud
Det ligner landingsbanen
til en UFO

Han tegner sig selv radioaktiv
Billedet fryser
Det regner ind gennem loftet

Han tegner og der er altid
Musik i luften
Han betaler kun den halve
Taxaregning
Og går direkte ind i
Lygtepælen

Han tegner en sang
Over den brusende morgen
Det er en magisk trekant
Over plænen
Der forhindrer tågen
I at tage hjem

Han tegner en sang
Fordobler den inden den slutter
Et vandfald der løber over
Verdens bredder

Han tegner en båd
Foldet af en avis
Der sejler langs kantstenen
Og forsvinder ned i kloakken

Han tegner bobler om morgenen
I den ene – en ø
I den anden – en doven ræv
Svævende mod Europa

Han tegner en vinter
I al for høj fart
Der er pres
Mod de indre organer
Han mærker livet
Og alle dens sønner og døtre

Han tegner en ubåd
Der bryder gennem isen
Hård hud på bevidstheden

Han tegner en bunke aske
Ved strandbredden
Hver gang en bølge
Slår ind
Æder den lidt af asken
Når solen går ned
Er den helt væk
.
Var den der nogensinde?
Var han der nogensinde?

Han tegner den længste
Sætning i universet
Fragmenter skrøbeligt
Holdt sammen
Af men og og

Han tegner den gode
Samtale
Kammerat og
Øverstbefalende
Helt ind til kernen
Indtil den er sprængt væk

Han tegner kustoden
I logikkens museum
Hver halve time tager han
kvadratroden af tid
Stiller den sirligt
På rette plads

Han tegner den samme drøm
På en scene
Foran Gud og alverden
Han skriger højt
Og falskt
Om Guddommelig
Kærlighed

Han tegner munke
Der demonstrerer
Med tomme risskåle

Han tegner sine fodspor
Og glæder sig over
Hvor godt de passer ham

Han tegner et skridt
Tilbage til fredag
Bare for at se den
Lidt bedre
Men den er allerede pakket
I store kasser
Og sendt på fjernlager

Han tegner sin meditation
Til Morti Vizki
Kom med mig sabeltand
Jeg mediterer i dit åndedrag
Det er da det mindste
Jeg kan råbe om tigerkløer
I Magasin
Og mærke mit hjerte
Om morgenen

Han tegner en skygge
Man skal springe over
Han ved ikke
Hvad spørgsmålet er
Det er tabt i springet

Han tegner det bedste
Og det værste

Han tegner i går
Var i dag
I morgen

Han tegner tegneren
Der piller sine egne
Løg

Han tegner sin puls
Idet han falder ud
Af sin New York
Penthouse lejlighed
Var det ham
Der faldt mod strømmen
Eller hende der var et ocean
Præcist beregnet
Til at drukne i?

Han tegner uden puls
Fanget i et loop
Af meditation
Ingen aktivitet overhovedet
Ingen overhovedet
Ingen

Han tegner fælles puls:
Vi er små soldater
Marcherende gennem tid
Bestiger de samme bjerge
Hviler i de samme enge
Vågner samme morgen
Du trækker vejret
Jeg gør ikke
Jeg er under bølgerne
Du er ikke

Han tegner den leg
Der bor i sproget
Rider en kamel
Spejder over endeløse marker
Af ungdom

Han tegner Buddha
Båret i hans taske
I mange år
Flere år
End han tør indrømme

Han tegner men er ikke mæt
Han planlægger større
Mundfulde

Han tegner balloner
I en regn af splintret glas

Han tegner 1000 grunde
Til at elske sin hustru
Der står et hav
Af hjerte-sæbebobler
Og fingerkys

Han tegner dagen
Efter regnen
Guldet er gemt i krisen

Han tegner
Og tvivlen er hans blyant
Papiret hans metode

Han tegner landet
Som det ligger

Han tegner baglandet
Trækker tæppet væk
Under verden
Trækker såkaldte flag væk
Under verden

Han tegner en Ode
Til Slagelse
Kun med ensrettede veje
En labyrint
Et lukket kredsløb

Han tegner og spiller
Noderne flyder
Ud over papirets kanter
Han maler væggene
Med omkvæd
Han fylder papiret
Med skarpe
Nyspidsede toner

Han spiller med alle
Palettens farver
Organisk melodisk

Han tegner sig selv
Som fødevareminister
Taget sin skudsikre vest på
Tager bakken med æg
Ud af køleskabet

Han tegner
Og det støver stadig
[...]

Han tegner et vejrbidt
Islandsk landskab
Med to kolde bryster

Han tegner indenad
Mellem linjerne
Inspireret utegnet

Han tegner Sim sala bim
Forsvinder som en
Korkprop og ringe i vandet

Han tegner på ubestemt tid
Vender sig 170 grader
Og udbryder
"Jeg vil gerne
Bede om havregryn
Med jordbærsyltetøj"

Han tegner Kærlighed
Og kildevand
revl og krat
Rub og stub
Pest eller kolera
Hist og pist
Ditten og datten
Skidt og kanel
Pis og papir
Hulter til bulter
Ny og næ
Hip som hap
Kvit og frit
Næb og klør
Sans og samling
Hiv og sving
Hat og briller
Fis og humbug
Ja og nej

Han tegner en fabulerende
Krusedulle
Viser sine kridhvide
Mælketænder
Sådan:
Signed, sealed and
Delivered

Han tegner musik
Al musik i verden
Før 1990 altså

Han googler en tegning
Det er en fugl
Han tænker på at flyve
Og på at spise
Blødkogt æg
Med en gaffel

Han tegner en nyhed
Rundetårn i mit øje
Christian IV
Der sender F16 fly
Ind i fremtiden

Han tegner et bjerg
Af svar
Spurgt!

Han tegner en sonate
For båthorn og cello
Intriger spundet op
På et net af myg

Han tegner blondinen
Med en sten i skoen
Og raske skridt
Ned ad den tomme
Gågade
Hvem har ansvaret for vablen:
Stenen, de raske skridt
Eller de fyldte poser?

Han tegner en fejl i kernen
Slør i vaskemaskinen
Han tjekker ind
På et hotel uden værelser
Men med håndvask
Og havudsigt

Han tegner en uvalgt
Talsperson
Der sætter grænser
Hurtigere end en anden
Kan nå at skifte underbukser
Hvem er den anden?

Han tegner sorte skyer
Der trækker sig sammen
Insekter smattet ud
På forruden
Cigaretskod drysset ud
Over verden
Med rund og rygende hånd

Han tegner en vikar
Der sidder på en havestol
På en strand
Et sted i Frankrig

Han tegner en sang
Der betyder noget
Tiggeren slår
En skraldlatter op
Og siger
At hun
Tager ApplePay

Han tegner bagtæppet
Til et sammenstød
I langsom gengivelse
En kiggekø fra kyst til kyst

Han tegner letantændelige ski
Slalom på solen
Jord i øjnene

Han tegner sommertiden frem
Sammen med havemøblerne
Sidder med fødderne i Brown Ale
Og tilbageruller et paradigmeskift

Han tegner paroler
Skreget fra en ølkasse
I Hyde Park
Nisseoptog gennem
Oxford Street

Han tegner en happening
Og driver køerne ud af byen
Kaster sig op
På en vandscooter
Og taler højlydt i telefon
I stillekupeen

Han tegner en vision
Om at blive 2 måneder
Yngre hvert år
Om at fjerne en motorvej
Om året

Han tegner det flade land
Og en bobslæde
Der ikke rykker sig
Ud af stedet

Han tegner en drøm
Selvom han er vågen

Han tegner klimaet
Det skal være en kæmpe tegning
Så han skifter blæk
På fyldepennen
Flyver fra kontinent til kontinent
For at få det hele med

Han tegner klokken hel
Han tegner klokken halv
Før og efter ækvator
Hen til kommoden
... og så videre

Han tegner alt for meget skærmtid
Siger hans psykolog
Men blød stemme
Han ser de store briller
Og skarpe skæg
Og sender et "like" i hans retning
Ser ned på søerne
Og glæder sig til
At komme hjem

Han tegner piloter
Der udelukkende flyver
Ind i lande
De ikke har
Landingstilladelse
Til

Han tegner det var en anden tid
Dengang

Han tegner navnene
På alle skibene
I den lille havn

Han tegner zen
Og kunsten at holde vejret
Over vand
Der er en der vinker
Mens solen forsvinder
I horisonten
Glasset er halv fyldt
Gange to
Tal beruselse
Et eller andet sted
I Caribien

Han tegner mens han
Hælder ketchup
Tilbage i flasken
Han tegner et hjerte
I lakmus
Ryger i sengen
Og tæller sine piber

Han tegner hele bøhlandet
Lige midt imellem
Rådhuspladsen
Og Kgs Nytorv

Han tager et stykke
Kridhvidt papir
Og tegner
En kulsort neger
Med det samme bliver han
Meget flov
Og skamfuld
Og rækker ud efter
J.P. Jacobsens
Pesten i Bergamo

Han tegner en amagerhylde
Og sætter en glemt drøm
I hvert rum

Han tegner et maratonløb
Der aldrig slutter
Og kan mærke hjertet
Slå hurtigere
Og hurtigere

Han tegner en diamant
Og pudser løs
På nogle af dens facetter
Og glemmer helt
Diamantens mørke side

Han tegner en klæbeånd
I en gammel kælder
Der spiller kinaskak
Med 15 døde hekse

Han tegner trolde
På jagt efter jomfruer
Og vredne skorstene
I den gamle by

Han tegner livets
Og dødens uægte barn
Kosmisk dilemma

Han tegner mørket
Han er bange
For mørket
Ikke for at være alene
I mørket
Bange for
Ikke at være alene
I mørket

Han tegner musik
Det bugter sig
Gennem måneskin
Omfavner de rastløse
Myg

Han tegner alle disse år
I kviksand
Et mørke
Der folder sig ud
I langsom gengivelse
Et Jaguarspring
Der kan slukke
For mørket

Han tegner torden
Der løber gennem
Gaderne
Som vand
Et fly der letter
På den anden side
Af svaret
Der aldrig fandt
Sit spørgsmål

Han tegner den forbandede
Varme
Det fylder alle rum
Han går ind i
De trækker vejret
Så der ikke
Er mere tilbage
Til ham

Han tegner håbet
Om en værdig død
Men mest af alt
Om et liv

Han tegner den store håndvask
Og vasker sine hænder
I blod fra de uskyldige

Han tegner Bruce Lee
Går ind i en døgnkiosk
Og leder efter
Gamle blade
En ræv skal have
Mange udgange

Han tegner til 36
Millioner og 2
Ser på den forfra
Ser på den bagfra
Og lægger den så tilbage
I kuglerammen

Han tegner kvinden
På altanen
Der lytter til
Tordenvejret
Længe efter
Det er drevet over

Han tegner metronomen
I takt til metronomen
Pendul
Slag per minut
En kubistisk
Tegning
Af en metronom

Han tegner en tredjegrads
Fordom
Med sit gevær
I en skole
I et supermarked

Han tegner evigheden
Og forvandler
Den til støv
.
.
Indånding lyn
Udånding torden

[...]

Han tegner et hus
Der ikke er så højt
Tænker på Keith Jarret
Går op fra kælderen
Børster støvet
Af jakken

Han tegner et skib med Kaptajn
Han tegner et skib
Minus
.
.

Sådan tegner man
En Kaptajn

Han tegner en mundfuld
Regnvand
Amazonas græder gnister
Han kysser spejlet
Gurgler
Spytter ud

Han tegner med solstråler
Der er fortabte i skoven
Det er middag
Han er kun iklædt
Gennemsigtig hud:
Vi synger første
Andet og tredje
Vers

Han tegner sin selvrespekt
Og træffer
Det klassisk ukloge valg:
Solbriller frem for paraply

Han tegner tågen
Kan svagt skimte
Lys
Han hører toget
Der rumler
Og tror
Det er musik

Han tegner en u-vending
Det er en spøgelsesbilist
Der går gennem
Mørkets dal
Han frygter intet ondt
For han er hos dig
Din stok og din stav
Er hans trøst

Han tegner en krage
Der hænger fra en kran
I Khartoum

Han tegner en skrivemaskine
Nej, det er et klaver
Nej vent, det en skrivemaskine
Eller er det et klaver?
Eller en skrivemaskine?
Eller en klaver-skrivemaskine?

Han tegner et ur
Klokken er nu
Han holder pause
Spiser en enkel frokost
Med et køligt
Glas hvidvin
Tager en kort lur
Han vender tilbage
Til tegningen
Klokken er nu

Han tegner en dødsliste
Skrevet på en serviet
Der blæser væk
Med vinden

Han tegner kampen
Mellem pærer og bananer
Hvordan søvn virker
Langt hævet
Over byens tage

Han tegner kun
Med store bogstaver
Og gnaver langsomt videre
Gennem den store bunke
Udløbne holdninger

Han tegner en perfekt
Formfuldendt fugl
Og bliver ramt
Af en øjeblikkelig frygt
For at en eller anden
Finder ud af
At han er en amatør
Der ikke kan tegne

Han tegner et eksperiment
Af ånd og støv
Musikken har bare tæer
Alle brancher har sin
Winston Wolfe

Han tegner en kludedukkekrop
Giver slip i alle muskler
Og falder fra toppen
Af Rundetårn
Og ruller mod bunden
Mens han skriger:
Jeg er den mest s-svulmende
S-svulmer der nogen sinde
Er s-svulmet op
Her i landet

Han tegner trappen
Ned til verdens maskinrum
En skarp kniv
Der skærer hul i universet
Han underskriver tegningen
"Bugaloo"
Og bestiller
En spand mere

Han tegner en sort kat
I et sort rum
Fuld af hvide mus

Han tegner op i den blå luft
En spiral af skyer
Et ekko af vindsprøjt

Han tegner Moskva
Men udtaler det
Som Roky Erickson:
"Moscow"
Skinner han som djævlen
Uden ord?
Forlader han
Moscow

Han tegner ensom en stjerne
Sejlende langs
Jordens krumning
Taler hakkende
Til dem der aldrig lytter

Han tegner
Men er ukoncentreret

Han tegner hele vejen hjem
Vinden i hovedet
Solen i ryggen

Han tegner den store klinge
En yngleplads for badegæster
Kravler op på hovedstolen
Spejder....
Dette er verdens ende
Dette er den store fede løgn
Dette er livet
Som vi kender det

Han tegner sit lys
I begge ender
Og kan ikke sætte det
Før tegningen er færdig
Av!
Han brænder tommel
Og pege
Færdig!
[…]

Han tegner den subjektive forsker
Den franske filosof
Det er kroppen
Dissekeret
Og i frit fald
Eller sagt på en anden måde:
Han river parentesen
Af såret

Han tegner en sandkasse
I det store frikvarter
De store biler kommer ind
Læsser om
De store biler kører ud

Han tegner Blåtand
Dem begge to
Med runer
Bygger bro
Mellem to fiktive verdener

Han tegner en pilotfisk
Og svømmer så tæt på den
Han kan
Følger hver eneste
Bevægelse
Tilpasser tempoet
Som en bil
Der bliver trukket
Af en anden bil
Som en tone
Der følger
En falsk melodi

Han tegner Georg Gearløs
Genopfinder sig selv
Og tilbage
Igen

Han tegner jorden
Spejlblank flad og våd
Ser ud på fly
Der letter
Og lander
Han trækker sit
Boarding pass
I en automat
Suger luften
Ud af lufthavnen
Sejler væk
I en gammel
Jolle

Han tegner tirsdag
Efter sommeren
En boblen på terrassen
Bildæk mod
Våd asfalt
Viklet ind
I sofa

Han tegner sne
Former det til en kustode
Og spørger
Hvor man han finde
Mona Lisa

Han tegner en gammel film
Måske er det smalfilm
Måske er der bare
En film
Der kører i hans hoved
Han ved det ikke
Men gammel er den
I
Hvert
Fald

Han tegner et kassettebånd
Det er et mix-tape
Hej P3 1984
Play!
.

.
Musikken stopper
Han tager en pause
Blander
En båndsalat

Han tegner den evige genkomst
Han tegner den evige genkomst
Han tegner den evige genkomst

Han tegner tilværelsens
Ulidelige lethed
Trommehvirvel
Træffer tilfældige valg
Spejlvender det
Der allerede
Er spejlvendt

Han tegner to digtere
Det døde i nat
Han tegner med
En fed blyant og
Tårerne fra sit nøgne hjerte
Det flyder sammen
Og løber ned ad trappen
I et forsøg på
At indhente sorgen
Han opdager slet ikke
Hans tandkøds bløden
De udsprungne knive
I en gennemblæst hals

Han tegner en gade
Jugoslavien 1983
Pastelfarver
Der rotter sig sammen
Med solen
Og spiller fandango
I hvidvinen
Der ligger tæt støv
Over landet
Det hvirvler stadig
Den dag i dag

Han tegner en tom trussel
Og fylder den op
Med quinoa
Koger den i cirka 15 minutter
Og falder sammen
Som en våd hund

Han tegner Mr. Køge 1977
Den kan vist stå
For sig selv

Han tegner en logarytme
Bum bum
Bum bum bum
Bum bum bum
Tegningen vælger
Overvejende gule farver

Han tegner den rå kraft
Som at stå på en scene
Ved siden af Joe Strummer
Verden uden filter
Livet som livet
Føles

Han tegner en kvinde
Der står i regnen
Han overvejer
At tegne
En paraply

Han tegner en blomst
Der må bøje hovedet
For at stå i stuen
Han støver af
Lukker døren efter sig
Når han går

Han tegner alting
Der står
På deres rette
Plads
I perfekt harmoni
Han stryger
En tændstik

Han tegner og blæser
Stearinlyset ud
Med sine bevægelser
Dirch Passer
Revisited

Han tegner døren
Til i morgen
Til i overmorgen
Til dagen efter ... og så videre
Inden han er færdig
Er i overmorgen
Allerede blevet til i morgen
Og så videre
Og så videre

Han tegner en mening
I et hav af tusinder
Han synes den er
Lidt for blød
Og prøver at tegne en
Der er lidt mere hård

Han tegner den han er
Når ingen ser på
Et bjerg af doughnuts
I sengen

Han tegner en rytme
Og tænker på
Hvem der sørger for
At hans hjerte bliver ved
Med at slå

Han tegner fugle på taget
Der laver morgenyoga
En hånd der holder
En kop kaffe
Den smeder dagens
Rænker

Han tegner en grævling
I en emhætte
Tænk at kunne kontrollere
Vejret

Han tegner John Lennons fødselsdag
Det er oktober 1980
Og himlen er stadig blå
Og håbet stadig grønt

Han tegner lige om lidt
Lige rundt om hjørnet
Lige på trapperne

Han tegner baglæns
Sprøjter blanke tegninger ud

Han tegner en guitar
Patina alle de rigtige steder
Jimi Hendrix' fingeraftryk
På gribebrættet
Branden starter ved vibratoarmen

Han tegner ikke døden
Men en meget nær slægtning
Måske en fætter

Han tegner haiku
Der står en pige
Med en mobil midt i krydset
Ba-buu Ba-buu

Han tegner dilemmaet
Mellem brænde og begrave
Og stiller det spørgsmål
Man ikke må stille
Tegningen stopper her
[...]

Han tegner angst for repetition
Han tegner angst for repetition

Han tegner symbolsk vand
Overskrider en grænse mere
Skriver en voldsom replik
I morsekode

Han tegner og er kommet over det
En forsvarstale
En u-undskyldning

Han tegner noget
Der allerede er forsvundet
Efterslæbet hvor ingenting
Begyndte

Han tegner dagen
Har lige spist
Og også set ud gennem vinduet
Dagen har ikke spist
Men har set ind gennem vinduet
Øjne der mødes
I åbenlys forskrækkelse

Han tegner den kommer
Når den kommer
Alle stiger af
Alle stiger på

Han tegner de døde
De går ikke væk
Men falmer
Og bor i hjertet

Han tegner fejl
Der falder som dråber
Vinduesviskerne
Kører non-stop
Men kan ikke holde
Ruden tør

Han tegner nattevagten
Og træder ud af miljøet
Men sådan er livet jo

Han tegner en tegning
Der ikke giver mening
Det giver jo ingen mening!
Og således opladet
Tegner han videre
Med fornyet kraft

Han tegner to beslutninger
Og kan godt mærke
At det er tre for mange
Han letter på natten
Og sejler ud i hatten

Han tegner det at være far
Og forstår
At det er
Ingenting

Han tegner bilen slingrende
Der æder de hvide striber

Han tegner cigaretter
Der selvantænder
Der inhalerer
Der sender røgringe
I kredsløb om skyskraberen
Og suger sig selv
Tom for streger

Han tegner alt for få
Tegneseriehelte
De er jo allesammen tegner
Og hvad har det hjulpet?

Han tegner en kvinde
Der bader
I hundredekronesedler
Kom ikke og sig
At der ikke længere
Er brug for kontanter

Han tegner mærkeligt
Tilføjer et ny lag mærkelig
Og endnu et
Og endnu et

Han tegner skælvet
Efter første verdenskrig
En tysk hjelm
I en skyttegrav

Han tegner fremtiden
Ikke som han ser den
Men som han håber den

Han forsøger at tegne USA
Men hånden ryster for meget

Han tegner fra det første skridt
Til det sidste smil

.

Han trækker stikket
[...]

Han tegner en smuk by
Uden bygninger af stål og glas
Holdt fast af historien
På vej ind i fremtiden

Han tegner regler
For den kommende krig
Underskriver
Med et svung

Han tegner politisk musik i ørerne
Det er en "being
John Malkovich" situation
"Heldet bor ikke her"
Står der i taleboblen

Han tegner en ø
Fyldt med måger
Han sætter sig på en bænk
Frit fanget

Han tegner sommerfuglens
Vinger
Og spejder
Efter et mirakel

Han tegner en stening
Der findes ikke
Naturlige grænser
Der er forskel på ur og tid

Jeg tegner mig selv
Ups

Han tegner en ting
Der fører til den næste
Og den næste
Og lader dem alle ligge
Det må andre klare

Han tegner et problem
I et lille rum
Uden døre og vinduer
Og tusinde spejle
I det samme rum

Han tegner asken
Og stiger op af den
Støver sig af
Folder tegningen
Til en papirsflyver
Og flyver til himmels
I en let glidende
Bevægelse

Han tegner alt for mange ord
Talt ind i en mikrofon
Og er alt for træt
Til at kunne samle dem

Han tegner bankmanden
Ved et alt for stort
Skrivebord
Hamrende ned i det forsvarsløse
Tastatur
Kun iført underbukser
Med fødderne
I en balje sæbevand

Han tegner humor forbudt
Flammer på bunden
Af en spand vand
En bombe under
En turban

Han tegner intermezzo
Og bruger al sin tid
På at forklare
Hvor meget
Lidt tid
Han har

Han tegner en væltekop
Skubber til den
Og bestemmer hvem
Der må have en cykel
Med kun ét gear

Han tegner tiden i stå
[...]

Han tegner generøst
En stol
Et Armani jakkesæt
Han går ned til havet
Betragter mågerne
Der cirkler over
De symmetriske bølger
Han klæder sig på
Sætter sig ned

Han tegner Dunning–Kruger effekten
Til perfektion
På forsiden og bagsiden
Og alt derimellem

Han tegner firserne der ringer
Og vil have sin frisure
Tilbage

Han tegner et hul i tiden
En dæmon uden rygrad
Og wifi password

Han tegner en stråle sol
Gennem køkkenet

Han tegner en 200.000 år
Gammel kvinde
Et sted i Afrika
Og drømmer
At vi er den samme

Han tegner det hele i vinyl
Og sætter tegningen
I kredsløb
Om hele verdens
Dårlige ånde
"Smells Like Teen Spirit"

Han tegner lampens ånd
Drikker en hektoliter
Dårlig kaffe
Skriver en nekrolog
Over en rude
Der venter på
At blive smadret

Han tegner hele vejen til Mekka
Tegner med sin venstre hånd
Gennem den højre hånd
Er retningen rigtig?

Han tegner sin hemmelighed
På byens største mur
Så ved han at
Ingen vil finde den

Han maler en skaldet slagter
Der synger
Ned i en hjertestarter
Han kommer i tanke om
At han allerede har
Sådan en tegning
Han krøller den sammen
Til der ikke er mere tilbage

Han tegner og hænger fast
I en trappe af træ
Gulvet forsvinder længere
Og længere væk
Prikken bliver
Stadig mindre

Han tegner 40 selvportrætter
De kommer ind
Gennem dørene
De kommer ind
Gennem vinduerne

Han tegner dage af sne
Der rejser
Uden billet
Har ikke engang
En invitation

Han tegner risiko
Går over for rødt lys
Der vil altid
Være os
Altid
Eller i det mindste
Så længe
Vi betræder jorden

Han tegner en dejlig dag
Med fine hvide skyer
Nænsomt malet
På en lyseblå baggrund
Af himmel
Han kører ud
Af indkørslen
Og kan se
At der ikke er
En krusning
På vandet
Kun enkelte sejlskibe
Der dovent vugger
I takt med eftermiddagen
Han kan se
Helt over
Til Sverige

Han tegner chokolade
Hjembragt fra den anden verden
Sammen med
Jeans og gamle Bob Dylan plader

Han tegner vejen til den næste
Whisky bar
Der sidder en lille pige
Udenfor; alle dem der døde
I forsøget

Han tegner og så videre

Han tegner mens han venter
På Godot
En mand en kvinde
Der betragter månen

Han begynder at tegne Brexit
Han vil væk
Men kan ikke finde ud
Af tegningen
Og tegner febrilsk
I alle hjørner
Og kan pludselig
Slet ikke genkende
Tegningen mere

Han tegner en blogger
Der viser det hele

Han tegner en blotter
Der viser det hele

Han tegner en øretæveindbydelse
Og det strømmer ind
Med mennesker
Han ikke kender
Han byder på
Tusmørke
Og æggesnaps

Han tegner pigen
Der kom til at sige slam
Og lover at holde vejret
Indtil solen rådner
Under sin burka

Han tegner det lille
Bitte bitte bitte bitte bitte bitte
Men
Der invaliderer alt
Der lige er blevet sagt

Han tegner friværdi
Før klokken halv to
Og køber en caffe latte
Til 149 kroner

Han laver en hyggetegning
Med de finere nuancer
Af deportation og
Polske vekselerers handelskneb

Han tegner landet
Hele landet
Den golde tørre jord
Står i flammer
Der er plasticfisk
I alle industriens farver

Han tegner en jernstang
Gennem hjernen
Og en eksploderende IQ

Han tegner en rød pille
Og derefter en blå pille
Og trækker dem sirligt ud
Til et kryds

Han tegner eventyrland
Eller starter på det
For han falder ned
I kaninhullet
Bare for at se
Hvor dybt det er

Han tegner svaret
Der er derude
Og det leder efter dig
Og det vil finde dig
Hvis du ønsker det

Han tegner verden
Der er trukket ud over øjnene
For at sløre virkeligheden

Han tegner Dorothy
Der glemmer at spænde
Sikkerhedsselen
På vej til Kansas
Efter det sidste farvel
[...]

Han tegner Elvis i Hawaii
Og bliver i tvivl
Om sin seksualitet

Han tegner en dyne
Af tweets
Og gemmer sig under den

Han tegner et digt
I det våde sand:
Du kan godt prøve
At gå tilbage
Men det er bare en anden
Vej frem

Han tegner en snegl
På en våd terrasse
Der laver en kovending

Han tegner streger i luften
De mest formfuldendte streger
Du kan forestille dig
Spøgelser og vin
Trukket op af en usynlig spand
(Skål)

Han tegner sikkerhedstrolden
Og faker et åbent benbrud

Han stener en tegning
Fordi den ikke længere
Vil være hos ham

Han tegner det sted
Ordene er
Og kongen der bestemmer
Hvilke ord der er der
Og hvilke der ikke er
Der

Han tegner en misforståelse
Og farer vildt i grammatikken
Dette er en metafor
For alt der findes
På et apotek

Han tegner lyd og betydning
Og ser hvordan det ene
Spejler sig mod det andet

Han tegner et træ
Nej, faktisk
Læser han det
Han kaster sin hat
Gennem oliventræet
Det ligner en paraply
Fyldt med lys
Nej, faktisk
Høster han lyset

Han tegner et forladt
Sindssygehospital
Endestationen
For det gamle tog

Han tegner A Forest
Den kører på båndsløjfe
I hovedet
De mest mytologiske
Bylandskaber tegner sig
(Hjemstavn)

Han tegner vandtårnet
I rød gul blå
Det står helt sårbart
På en bakke
Og skygger for fuldmånen

Han tegner det grusomme
Der er drømt
Det er derude
Mellem to stationer
Der ikke er bygget
Endnu
Det er et flag
Det blafrer mod vinden

Han tegner ragnarok
Og begynder at rejse
Syd for friheden
Gennem s-togs døre
Der åbner og lukker

Han tegner hjerter med sine ord
Fremtiden i skyggen
Kanariefuglen i ambulancen
lige om hjørnet

Han tegner en mose
Uden bund
Der hvor mennesker dør
I en lang uendelig
Bevægelse

Han tegner mode
Uden bund
Der hvor mennesker
Er døde
I meget abrupte
Bevægelser

Han tegner fordomme
Med 100 km i timen
Ufærdige
Halvbagte
Rå

Han tegner en karakter væk
Ham der begravede
Vejsidebomben
Langt oppe i næsen
Ham der sad i venteværelset
Hos tandlægen
Måske hovedpersonen
Måske en ligegyldig
Biperson

Han tegner
Og tegningen får ord for at være
Streger over det blanke papir
Bugtet gennem en hvid dal
Og dalen
Får ord for at være
Blanke meninger
Der bugter sig klædt i hvidt
Henover skovbunden
Og skovbunden
Får ord for at være
De hvide streger
Der bugter sig i en dal af papir
Gennem skoven
Og skoven
Får ord for at være
Streger
Over det blanke papir
Igennem natten

Han tegner tre mænd
Der står i en vandpyt
Og betragter en åbenbaring
I langsom gengivelse

Hun tegner en delfin
I skyggerne

Han tegner en gammel
Rockmusiker
Før han går i gang
Med Ockhams ragekniv

Han tegner en lille udgang
Øverst i højre hjørne
Og maser sig ud
Gennem den
Farvel
[...]

Han tegner himlen
Eller genfødsel
Eller noget
Og overvejer
Teksten
På en eller andens
Gravsten
Og en gigantisk
Mellemfinger
Lavet i granit

Han tegner den nye sæson
Af Twin Peaks
Med den let
Hypnotisk dansende
Bevægelse

Han tegner torvet i Køge
Hilser på Frederik den VII
Og siger for sig selv:
Har jeg været for ambitiøs?
Har jeg villet for meget?
Kan man drømme
For store drømme?
Måske!

Han tegner sit logo sort
Lukker op for natten
Går i et med katten
Spinner sin vinyl
Viser sine hyl

Han tegner tømt for varm luft
Tegneren som kvinde
Orange pang-farver
På vej væk
I en luftballon

Han tegner tømt for varm luft
Tegneren som mand
En uendelig række
Sportslørdage
På vej væk
I en luftballon

Han tegner civile søgsmål
Til højre og til venstre

Han tegner et ukendt
Michael Strunge
Manuskript på høloftet
Rådata
I sin reneste form

Han tegner en ny kryptovaluta
Køber sig straks
Mindre tid
Men til en højere kurs

Han tegner den dannelsesrejse
Han aldrig tog
Metode og proces består
Viden og motivation forgår

Han tegner verdensfred
Og verdens største
Bibliotek
Den drøm der gik
I opfyldelse
Informationen
Der slap fri

Han tegner manden
På øverste etage
Nyvasket og
Upåklagelig upåklædt
I andres penge

Han tegner den måbende masse
Der betragter den første
Månelanding

Han starter en ny tegning
Deler den op i to lige store
Halvdele
I den ene tegner han et
Lille hidsigt lavtryk
I den anden en stor
Larmende prut
Han tænder emhætten
På max

Han tegner en eftertanke
I lyden
Klatrer i cirkler
Fløjter en koldbøtte

Han tegner en Ode
Til mad & udeliv
Til Læsø, Samsø og Bornholm
Hvordan. Skal. Det. Se. Ud?

Han tegner og hvad så?
Laver en lille variation
I tegningen
For at se forskellen
Og hvad så?
Og hvad så?
Og hvad så?

Han tegner nuet
Dybt og sort
Han prøver at fryse tegningen
Men glider umærkeligt
Ned i en ny tegning
Dybt dybt ned i en ny tegning

Han tegner en motorcykel
Med 200 km i timen
Klokken to om natten
Op ad Københavnsvej
Samtidig sidder
Pelikanen på sin pæl
I havnen i Key West
Den holder øje
Med hans stamværtshus
Indtil han kommer tilbage

Han tegner internettet i brand
Og vand der løbet opad
Der er alt for mange ord
Alt for lidt klima
Han slår sin paraply ud
Og siver ubemærket
Ud gennem bagdøren
[...]

Han tegner en bedemand
Livet
Er spildt
På de levende

Han tegner fyraften
I en kæmpe cocktailstol
Long Island Iced Tea
Og gennemtræk
I hjernen

Han tegner i bakgear
Fuld kraft frem
Æhh tilbage

Han tegner sin mojo
Han er i *det*
Marchtempo 4:30
Fremad
Fremad

Han tegner demokrati
Og elleve og tolv
Han er halv fuld
Og halv tom
Han er til højre
Og til venstre
Han mener det ene
Og han mener det andet
Og han kaster en terning
I statsministerens
Højre øje

Han tegner luft der fylder
Den tomme plads
Hvor der før var en bog

Han tegner sjælen
Der synger
Igennem et net
Af dårlige undskyldninger

Han tegner halleluja
Og lys
For enden af tunnellen
Og stirrer direkte
Ind i det

Han tegner et bål
Placerer det
I et stort tomt rum
Suger rummet tomt for luft
Sådan ganske langsomt
Da bålet brænder ud
Kan man se en
Ræv i lænke

Han tegner en aften
En solnedgang
I det ene vindue
Månens opstigning
I det andet
Mosekonens bryg
Midt i det hele
På bordet:
Gennemsigtige
Hvidvinsflasker

Han tegner Gud
I et smukt billede
Fine skarpe linjer
Af forskellighed

Han tegner et sted
Mellem to
Andre steder
Og skyder sig selv
Langsomt ud af salonen

Han tegner Eik Skaløe
Der ringer hjem
Han gik over åen efter vand
På den anden side
Stod der
En vandværksmand

Han tegner dybe åndedrag
Gennem næsen
Lyden af bevægelse
En ananas i kredsløb
Om jorden

Han tegner et røntgenbillede
Af sin sjæl
Et billede af frihed
Men den stopper
Ved naboens hæk
Han tegner fra legende
Til legende
I et andet rum
Er det en
Der smækker med en ugle

Han tegner handlingen
Hver scene udspiller sig
Umiddelbart efter
Han har tegnet den

Han bliver ved
Med at tegne
Det regnestykke
Der aldrig går op

Han tegner afslappet
Og overfladisk
Spiller lidt
Klatregolf
Åbner en øl
Kører baglæns
På cykel

Han tegner jorden flad
Luft og vand
Forsigtigt rørt sammen
Til tonerne af All Blues
Tilsat et drys skyer
Hæver en sommer
I en hæveautomat

Han tegner og er
Bange for at dø
Hvad er et menneske?
Luftspejlinger
Flyvende sommer
Frøene på en mælkebøtte
Som vinden puster væk
Et lys der kan
Pustes ud hvert øjeblik
Forbi og aldrig sket
I evighedernes evighed

Han tegner en dåseåbner
Der åbner en skyttegrav
Ahh elastik i endeløse baner

Han tegner skægget sølvkræ
Og begynder at klø i hovedbunden
Og tegner et åbent vindue
Man skal huske at lufte ud

Han tegner en tegning
Kun med smadder
Bare fordi det er
Et godt ord

Han tegner Louis
Tøver venter
Tegner så Lestat
Og et blodigt sår
Der deler tegningen

Han tegner en prisme
Og ser på sine sko gennem den
Han går på glasskår
Og nynner en gammel sang

Han tegner ministeren
Uden portefølje
Der ikke kan styre
Sine metaforer

Han tegner en drøm
Om kreditkort
"Man kan drømme
Om alt"
Siger han
Inden han vasker sine hænder
Over bålet
Sent om aftenen
Hvor en stjerne
Brænder gennem skoven

Han tegner skovbunden
Men folder den hurtigt sammen
Og gemmer den i bukselommen

Han tegner et ønske
Om en ødegård i Sverige
Helt uden for kort
Og koordinater
Hurtigt kradset ned
Nærmest en skitse
Der kunne ligne en skål
Med regndråber

Han tegner søvnen
I vilde tilfældige farver
Viklet omkring lande
Han for længst har glemt

Han udvider tegningen
Til den kosmiske kærligheds mester
På en palet af salsa
Og en søndag morgen
Silkekimono
En svingende sorg
Sirligt tegnet med
Den brede pensel

Han tegner en hvirvel
Af konfetti
Fyret ud af et nys

Han tegner som lagde han
Asfalt mens han kørte
Som opfandt han sit sprog
Mens han talte

Han tegner uendelig træthed
I lange flagrende gevandter
I et land uden stole
En sovesal uden senge

Han tegner tusinde sprog
Han lige nu
Hører for første gang
Hans tegning er svar
På alle spørgsmål
Der nogensinde er stillet
Herfra er der kun
Dumme spørgsmål

Herfra er der kun tegninger
Der er

Noter:

"Jeg er den mest s-svulmende / S-svulmer der nogen sinde / Er s-svulmet op / Her i landet" er et citat fra Carl Barks historien " Mysteries of the Swamp" (Carl Barks Samlede værker II)

"Har jeg været for ambitiøs? Har jeg villet for meget? Kan man drømme for store drømme? Måske" er et Morten Messerschmidt citat

Strofen der starter med " Han tegner / Og tegningen får ord for at være …." er en hyldest til Iohannes L. Madsen.

"Han tegner og er / Bange for at dø / Hvad er et menneske? /Luftspejlinger / Flyvende sommer / Frøene på en mælkebøtte / Som vinden puster væk / Et lys der kan / Pustes ud hvert øjeblik / Forbi og aldrig sket / I evighedernes evighed" skylder stor tak til Knud Romer

Sekvensen "Det flyder sammen / Og løber ned ad trappen / I et forsøg på / At indhente sorgen / Opdager slet ikke / Hans tandkøds bløden / De udsprungne knive / I en gennemblæst hals" låner elementer fra Simon Grotrian's "Fire" (side 70) og Jess Ørnsbo's "Digte" (side 43).

[Han tegner det bedste
Til sidst]